BARREAU DE PARIS

TARGET

AVOCAT AU PARLEMENT DE PARIS

DISCOURS

PRONONCÉ PAR

Paul BOULLOCHE

AVOCAT A LA COUR D'APPEL, LICENCIÉ ÈS-LETTRES
SECRÉTAIRE DE LA CONFÉRENCE

A l'ouverture de la Conférence des Avocats

Le 26 Novembre 1892

IMPRIMÉ AUX FRAIS DE L'ORDRE

PARIS

ALCAN-LÉVY, IMPRIMEUR DE L'ORDRE DES AVOCATS

24, rue Chauchat, 24

1892

TARGET

AVOCAT AU PARLEMENT DE PARIS

BARREAU DE PARIS

TARGET

AVOCAT AU PARLEMENT DE PARIS

DISCOURS

PRONONCÉ PAR

Paul BOULLOCHE

AVOCAT A LA COUR D'APPEL, LICENCIÉ ÉS-LETTRES,
SECRÉTAIRE DE LA CONFÉRENCE

A l'ouverture de la Conférence des Avocats

Le 26 Novembre 1892

IMPRIMÉ AUX FRAIS DE L'ORDRE

PARIS

ALCAN-LÉVY, IMPRIMEUR DE L'ORDRE DES AVOCATS
24, rue Chauchat, 24

1892

DISCOURS

PRONONCÉ PAR

Paul BOULLOCHE

AVOCAT A LA COUR D'APPEL, LICENCIÉ ÈS LETTRES,

SECRÉTAIRE DE LA CONFÉRENCE

A l'ouverture de la Conférence des Avocats

Le 26 Novembre 1892

———

Monsieur le Batonnier,

Messieurs et chers Confrères,

Il est une tradition ancienne parmi nous et chère à tous : c'est celle qui établit entre les différentes générations d'avocats la pieuse fidélité du souvenir. Elle m'a inspiré le dessein de retracer devant vous la vie d'un des plus célèbres avocats du siècle dernier, de Target, dont la renommée fut éclatante jusqu'au jour où il cessa de nous appartenir... Pourquoi ne pas le dire? Il pèse sur cette grande mémoire un soupçon qui trop souvent a fait oublier les mérites d'une longue et utile carrière. Cependant, Messieurs,

lorsqu'un homme a, durant trente années, honoré sa
profession par son talent et par son caractère, lorsqu'il a défendu les plus nobles causes et mérité les
témoignages les plus flatteurs de l'opinion, il a le
droit d'être jugé d'après les faits eux-mêmes, par son
existence tout entière et non plus seulement sur une
impression rapide où la légende tient peut-être plus
de place que l'histoire. A l'heure où nous sommes,
après un siècle écoulé, ce n'est pas un panégyrique,
c'est la vérité seule qui s'impose, et certes elle est
assez belle pour que le nom de Target soit toujours
prononcé parmi nous avec honneur !

Target naquit à Paris le 6 décembre 1733. Il
faisait partie de ce tiers état dont il devait, pendant
la seconde moitié du XVIII° siècle, refléter fidèlement
les idées, les aspirations et les tendances.

Son père était avocat au Parlement. De bonne
heure, les exemples paternels mirent dans l'âme de
l'enfant le respect profond — j'allais dire le culte —
des règles professionnelles. C'était un intérieur laborieux et grave, sérieux et honnête, tel que j'ai cru le
voir à travers des notes intimes qui gardent encore
comme un parfum du passé (1) : une de ces familles
de bourgeoisie parlementaire, si nombreuses en

(1) M. P. Target a bien voulu me communiquer de très intéressants
papiers de famille, des manuscrits et des mémoires ayant appartenu
à son grand-père. Je suis heureux de pouvoir lui en exprimer ici
toute ma gratitude.

France, où les maximes jansénistes répandaient sur la religion une teinte de piété sévère et où la soumission à la royauté n'allait déjà pas sans une pointe d'indépendance querelleuse; une de ces familles, enfin, merveilleusement préparées par le progrès des siècles à recevoir les enseignements des penseurs et des philosophes.

Dans ce milieu paisible, Target commença de solides études, continuées avec éclat au collège Mazarin. La maturité de son esprit était déjà remarquée, lorsqu'encore stagiaire, il fit ses débuts à la barre du Parlement de Paris. Son père lui avait confié la direction d'un procès difficile qu'il soutenait contre des collatéraux depuis près de vingt années. Target se jeta dans la lutte avec l'aimable témérité de la jeunesse; il plaidait pour la première fois, il plaidait pour son père, et il fut éloquent : il n'en fallait pas tant pour éveiller en sa faveur les sympathies de tout l'auditoire; les magistrats lui donnèrent gain de cause et le public nombreux qui garnissait les lanternes de la Grand'Chambre laissa voir, à maintes reprises, son admiration pour un aussi précoce talent.

Ces premiers rayons de la gloire ne parvinrent pas à l'éblouir : mesurant la carrière qui s'ouvrait devant lui, il résolut de fuir les agitations du monde et d'acquérir, dans une retraite studieuse, les connaissances indispensables à l'exercice de sa profession.

A cette époque, Messieurs, les avocats estimaient avec d'Aguesseau que « quiconque ose mettre des bornes à l'étendue de leur science n'a pas une juste idée de la grandeur de leur ministère ». Leur savoir était considérable et leur érudition souvent si vaste et si touffue que l'auteur des *Lettres Persanes* les appelle quelque part des livres savants... Mais ce compliment cache peut-être une épigramme... C'était le temps où Thouret faisait avec un de ses amis la gageure imprudente d'apprendre par cœur une partie des *Pandectes* : l'ami, d'ailleurs, mourut victime de ce zèle inutile... Target se mit en garde contre de pareils excès. Il s'était tracé un programme sévère ; éloigné de Paris, il le suivit rigoureusement pendant cinq années ; tour à tour, il passa en revue avec méthode, le droit romain, le droit canon, les coutumes, la philosophie, les belles-lettres, les sciences, la théologie même, que sais-je encore ? tant à ses yeux était élevé l'idéal de l'avocat accompli ! Au milieu de ces « Juvenilia », j'ai cependant rencontré, comme l'honnête distraction de ces graves devoirs, une tragédie intitulée *Codrus* ; elle renferme de nobles pensées, de généreux sentiments, et aussi des vers qui attestent qu'en abandonnant l'art dramatique, Target n'a pas trahi sa véritable vocation.

Le succès allait en un jour le payer de sa lente persévérance. Dès les premières rencontres, il était égal aux plus lourdes tâches et, à peine arrivé au Palais, il fut chargé d'un procès qui devait mettre en lumière trois avocats encore inconnus, tous trois jeunes encore : Gerbier, dont l'éloge a été fait ici même dans un langage digne de lui ; Legouvé, consultant fameux, praticien émérite ; Target enfin. C'était le procès des Jésuites !

Que de passions autour de ces noms ! Messieurs, que d'ardeurs ! aujourd'hui éteintes et tombées avec la poussière de la lutte !

Le père la Valette, procureur des missions à la Martinique, engagé dans de vastes spéculations commerciales, avait souscrit de nombreuses lettres de change et n'avait pu les acquitter : les Jésuites, de leur côté, refusaient de les payer malgré les sentences obtenues contre eux devant les Tribunaux consulaires. Ils interjetèrent appel et, sur leur demande, un arrêt d'attribution déféra la connaissance de tous ces litiges à la Grand'Chambre du Parlement de Paris. Etrange aveuglement qui leur avait fait choisir et rechercher la juridiction même où siégeaient les plus fermes partisans des doctrines gallicanes ! Target représentait deux créanciers, le sieur Cazotte et la demoiselle Fouque.

Ne croyez pas, Messieurs, qu'imitateur téméraire des Arnauld et des Pasquier, il va renouveler contre ses adversaires les violences et les invectives sous lesquelles, aux siècles précédents, on avait pensé les accabler : si l'on sent passer dans ses Mémoires des

réminiscences d'autrefois, c'est plutôt l'ironie des
« Provinciales » dont il essaie d'user, d'une main
timide; plus sage et plus juste, il a découvert entre
tant d'écueils la route qui mène à la victoire : il
s'attache à l'examen scrupuleux des constitutions de
l'Ordre; il prouve que le pouvoir absolu du général
s'étend également sur les personnes et sur les biens,
et que la solidarité invoquée contre tous les membres
de la Compagnie est conforme à la fois à la justice et
aux règles essentielles de la Société. Cette démons-
tration lumineuse déconcerta les Jésuites : ils furent
vaincus et condamnés à payer des sommes s'élevant
à plusieurs millions.

Ce procès n'était cependant que le prélude du
grand mouvement d'opinion qui devait emporter la
Compagnie tout entière. Bientôt, une partie de la
nation, jalouse de venger d'anciennes rancunes jansénistes, réclamait la destruction de l'Ordre lui-même :
dans ces nouveaux débats, les Mémoires de Target ne
furent pas oubliés. Le procureur général Joly de Fleury
y chercha les éléments de son réquisitoire, et Target,
surpris de cet emprunt inattendu que la magistrature
faisait au Barreau, contribua ainsi, sans l'avoir jamais
souhaité, au renversement d'une Compagnie qu'il
avait toujours combattue au Palais avec autant de
modération que de bonne foi.

Il n'avait pas trente ans et, déjà, il était célèbre ! A

ce moment, Cochin et Normand étaient morts, et avec
eux avaient disparu les traditions un peu solennelles
du siècle passé. Une génération nouvelle grandissait
au Barreau. Target y occupait un des premiers rangs.
Sa droiture, son activité, sa bonne renommée atti-
raient à lui les plaideurs, lorsque des événements
mémorables lui donnèrent l'occasion de justifier par
sa noble conduite l'estime de ses confrères et du
public.

« Qui aurait pu penser, dit Voltaire, que les mêmes
Parlements qui avaient renversé les Jésuites subi-
raient bientôt un sort semblable ? » C'était en 1770 :
le Roi, conseillé par un chancelier audacieux, essayait
de renfermer ces grands corps dans leurs attribu-
tions judiciaires. N'y pouvant réussir, au lieu d'une
réforme, il fit un coup d'Etat. Le Parlement de Paris
avait évoqué devant lui le procès du duc d'Aiguillon,
gouverneur de Bretagne, et, malgré les défenses
royales et les lits de justice, il refusait d'interrompre
la procédure. Soutenu par toutes les cours de France,
il déclara qu'il suspendrait ses fonctions, aussi longtemps que ses droits ne seraient pas reconnus : c'était
un expédient souvent renouvelé, plus onéreux encore
au public qu'aux magistrats. Le public, cependant,
acceptait sans se plaindre cette forme traditionnelle
des représailles parlementaires et applaudissait à la
fermeté des magistrats, lorsque l'édit de février 1771
prononça la confiscation de toutes les charges de justice, et, sur les ruines de l'ancien Parlement, éleva la

magistrature connue dans l'histoire sous le nom de
Parlement Maupeou.

L'émotion fut universelle. Les Parlementaires,
exilés au cœur de l'hiver, dans des résidences loin-
taines, avaient été traités avec une extrême rigueur;
on loua leur courage, on les félicita d'une attitude
qui excitait les colères du pouvoir et on se vengea
sur leurs successeurs, par des chansons et par des
épigrammes, de la facile victoire du chancelier Maupeou. Jamais, depuis la Fronde, tant de verve hardie n'anima de mordants et satiriques pamphlets
et, pour la première fois, l'esprit public osa braver la
royauté elle-même : vingt ans avant la Révolution, il
donne la mesure de sa force et de son indépendance!

Les avocats ne restèrent pas étrangers à ces
querelles fameuses : associés, depuis de longues
années, à la bonne et à la mauvaise fortune des Parlements, ils voulurent prendre leur part de la nouvelle disgrâce qui frappait l'ancienne magistrature.
N'avaient-ils pas respiré, sous les voûtes de ce vieux
palais, dans cet air chargé de la poussière des procé-
dures, le respect de la justice, l'amour de ses formes
antiques et le dévouement sans réserve aux hommes
intègres et dignes qu'ils avaient vus, dès leur enfance,
siéger sur les fleurs de lys? Ils décident qu'ils ne se
présenteront plus à la barre jusqu'au retour des Parlementaires exilés. Alors un grand silence régna
dans ces galeries où retentissaient naguère tous les
bruits de la vie : les audiences, faute de plaideurs,

se fermaient à peines ouvertes, et, privée d'avocats, la Justice semblait être en interdit dans son propre palais.

Target, dès les premiers jours, encourage la résistance. Mais bientôt, malgré ses efforts, des défections se produisent, tant le repos paraît lourd à des hommes habitués aux agitations d'une vie laborieuse ! Vingt-cinq avocats essaient une rentrée timide ; Gerbier lui-même est à leur tête. Enfin, les sollicitations du pouvoir triomphent des caractères les moins résolus, et plus de deux cents avocats ne tardent pas à reprendre leur place au Palais. Cependant Target, et avec lui Treilhard, Tronchet, Elie de Beaumont, Legouvé, — noms respectés parmi nous —, demeurèrent fidèles aux engagements de la première heure : leur opiniâtreté fut invincible et dura quatre années, En vain, Maupeou a fait succéder les menaces aux promesses, Target dédaigne d'officieux avis et méprise l'exil ; tandis que la barre, désertée par tant de maîtres, réservait de rapides emplois à des avocats ignorés la veille, il allait, avec la sérénité paisible du devoir simplement accompli, demander à la retraite des forces et des enseignements pour les luttes prochaines !

C'est alors qu'il écrivit les *Lettres d'un homme à un autre homme sur l'extinction de l'ancien Parlement et la création du nouveau*, lettres jadis si fameuses et presque oubliées aujourd'hui ! Ephémère succès qui permet de mesurer la fragilité des œuvres où ne sont agités que des intérêts d'un jour! Et cependant, on les a comparées aux meilleurs écrits de Montesquieu! Ne réclamons pas pour elles un voisinage si flatteur et si dangereux... Peut-être, pourtant, méritaient-elles de ne pas périr tout entières; elles découvrent le trouble profond et l'inquiétude patriotique ressentis par tous les bons citoyens en présence du grand coup porté à l'édifice parlementaire. Target va même jusqu'à l'appeler le « nouveau crime du pouvoir absolu. » Derrière l'avocat, voici venir le penseur et, par quelques endroits, l'homme politique. Sachons gré à l'un des nôtres d'avoir, en ces temps troublés, revendiqué pour les Parlements le droit de faire entendre au roi, par d'intrépides remontrances, les griefs et les espérances — bien incertaines encore — de l'opinion publique. Songez qu'aucune autre voix libre ne s'élevait alors au pied du trône! En voulant l'étouffer, dit Target, on a tué nos privilèges et nos lois! Que si le chancelier Maupeou a introduit quelques changements utiles dans l'administration de la justice, ils ne vaudront jamais les sacrifices que la réforme coûte à la liberté!

Aussi, quelle joie dans la nation tout entière, le jour où Louis XVI inaugura son règne par le rappel des Parlements! Il semblait qu'une ère de bonheur s'ouvrait pour la France! Quel honneur aussi pour Target lorsqu'il reçut la récompense de sa courageuse fidélité! Une foule innombrable avait envahi le

Palais et accompagnait de ses longues acclamations
les magistrats qui venaient reprendre possession de
leurs sièges. La Grand'Chambre, occupée dès le lever
du jour par les clercs de procureurs, les enfants de
la Basoche, les avocats et les curieux, offrait, raconte
un témoin, le plus brillant spectacle ; après les haran-
gues du premier président et de l'avocat général
Séguier, un avocat s'avança vers la Cour à travers les
rangs pressés et exprima en termes magnifiques
l'émotion dont tous les cœurs étaient saisis : c'était
Target. Son discours fut accueilli avec enthousiasme.
Associé à la retraite des Parlements, quel autre en ce
jour d'allégresse universelle était plus digne de par-
tager la gloire d'une aussi triomphale rentrée ?

Il revint à la barre, grandi par son silence même !
A ce moment, Messieurs, l'Ordre traversait une des
crises les plus périlleuses de son histoire ; l'exil des
grands avocats avait été aussi l'exil de la discipline :
pendant l'interrègne du Parlement, des pratiques
jusqu'alors inconnues s'étaient répandues au Palais
et de graves dissentiments séparaient en deux camps
tous les membres du Barreau.

Les uns — ils se prétendaient les apôtres du progrès — rêvaient l'affranchissement de toutes les
règles et l'indépendance absolue de la profession :
bien plaider, gagner la confiance du juge, servir à
tous risques les intérêts du client du jour, leur parais-

saient être les seuls devoirs de l'avocat. Les autres,
les anciens, — dirons-nous les conservateurs? —
exaltaient à l'envi l'empire des longues traditions
auxquelles l'Ordre devait sa grandeur. A leurs yeux,
la discipline n'était pas une servitude, mais une force,
et l'avocat n'avait rien fait encore s'il n'avait pas su
conquérir et garder l'estime de ses confrères, de ses
juges et de ses adversaires. Vous étonnerai-je en vous
disant que Target aimait notre profession avec
orgueil — c'était sa seule fierté — et combattait sans
pitié les théories indulgentes de l'école nouvelle? Son
plus redoutable contradicteur fut Linguet : il l'avait
beaucoup aimé et cependant il dut prendre parti
contre lui pour défendre l'honneur menacé.

Linguet! Existe-t-il au Barreau du dix-huitième
siècle une plus originale et plus curieuse figure?

Tour à tour voyageur, industriel, aide de camp du
génie en Portugal, secrétaire du duc des Deux-Ponts,
journaliste, et enfin avocat, il ne devait même pas
trouver le repos au Palais après cette existence tour-
mentée! L'ardeur de son tempérament le jetait
bientôt dans la mêlée. Il avait acquis une grande
notoriété en plaidant devant le Parlement Maupeou,
et il se rendait volontiers le témoignage de n'avoir
sur cent affaires perdu que deux procès, — encore,
ajoutait-il, pour l'avoir bien voulu, — ce que ses
clients pouvaient assez justement lui reprocher. Orateur passionné, écrivain habile, pamphlétaire mor-
dant, il aurait été un avocat sans défaut s'il avait su

faire un sage emploi de ses incomparables qualités.
Mais rien ne lui coûtait plus que d'avoir tort ; rien ne
lui pesait moins que le respect dû à ses confrères : il
avait infiniment d'esprit et il en usait sans mesure,
surtout contre eux. Audacieux jusqu'à la témérité,
lorsqu'il ne diffamait pas son adversaire, il le rendait
ridicule. Sa plume féconde multipliait les *Précis,* les
Observations et les *Répliques* et, pour piquer la curio-
sité du public, elle ne reculait devant aucune impos-
ture. Gerbier même ne fut pas à l'abri de ses sarcasmes et, comme il avait plus de génie que de bonté,
il ne sut peut-être pas supporter avec assez d'indul-
gence les attaques de son turbulent confrère...

Déjà, dans le procès du comte de Morangiès, Linguet avait encouru un blâme sévère : malgré cet aver-
tissement, son mémoire intitulé : *Observations et
précis pour Me Linguet, avocat de la comtesse de
Béthune,* renfermait quelques jours plus tard les
imputations les plus injurieuses envers l'Ordre et
envers ses adversaires. Une assemblée générale prononça aussitôt sa radiation.

Linguet alors ne garde plus aucune mesure. Le
Palais et la ville retentissent de ses plaintes : la sentence qui l'a frappé, il la proclame inspirée par la
haine et par l'envie ; ses confrères, il les raille de leur
aveugle soumission à la discipline ; la juridiction traditionnelle de l'Ordre sur ses membres, il la dénonce
« comme une prétention folle, arbitraire, tyrannique
« dans une nation policée où il existe des Tribu-

2

naux ». Les juges qu'il demande, ce sont les magistrats du Parlement, et eux seuls. Faut-il le dire,
Messieurs? Cette rébellion rencontrait d'ardentes
sympathies en dehors du Barreau : Linguet savait si
habilement se faire plaindre et, sous ses colères,
feindre l'émotion attendrie! — et dans le Palais
même, des amis venaient à lui, timides d'abord, puis
résolus, qui caressaient peut-être l'espérance secrète
de trouver un jour pour leur propre compte des
règles moins rigides et des censeurs plus accom-
modants.

Target a vu le danger de ces sophismes intéressés
et des complaisances coupables qui les accréditent.
Il leur répond avec vigueur dans une courte brochure
appelée : « La Censure ». Elle parut sous cette épi-
graphe significative : *Quid leges sine moribus?* Vous
n'y découvrirez pas les traits brillants, les paradoxes
hardis et les violences aimables qui assurent le
succès d'un pamphlet; un honnête homme y retrace
avec une noble simplicité les caractères auxquels,
dans tous les temps, se reconnaissent entre eux les
avocats véritables : la probité poussée jusqu'au scru-
pule, l'estime donnée moins au talent qu'à la vertu,
la dignité d'une vie modeste préférée au prestige de
la vanité, la loyauté et la bonne foi aimées jusqu'à la
passion. Entre de tels hommes, les fautes sont com-
munes et les mérites sont solidaires. « Ce serait une
délicieuse patrie, ajoute Target, que celle où par l'effet des mœurs générales les simples fautes seraient

jugées comme des crimes » — souhait touchant d'une
âme sincère et candide ! — Ne faut-il pas que l'Ordre,
en présentant au public la liste de ses membres,
puisse lui dire : « Ne craignez rien, portez vos droits
à soutenir, vos intérêts à ménager, vos titres à faire
valoir, dans les demeures de ces hommes laborieux
et purs qui se sont consacrés au soin de votre défense.
Quel que soit l'adversaire qu'on vous oppose, on le
choisira dans cette liste ; ce sera un noble ennemi
qui ne confondra pas la violence avec le zèle, l'astuce
avec l'adresse légitime, le fiel et l'amertume avec la
force et la vigueur. Vos titres passeront des mains qui
les tiennent dans celles qui doivent vous combattre :
ils y passeront sans aucune autre protection que
la bonne foi et la droiture. Mais ne tremblez pas :
l'honneur se nourrit par la confiance. C'est un gage
plus assuré que toutes les signatures et, grâce à
notre vigilance, depuis cinq cents ans. il n'a trompé
personne ! »

A-t-on jamais, Messieurs, mieux compris les
grands devoirs des avocats ? Mais cette vigilance
jalouse, elle est impossible si l'Ordre abandonne à
d'autres le soin d'exercer la discipline parmi ses
membres. Selon Target, la censure doit appartenir
aux avocats : seule, une juridiction intérieure, fon-
dée sur l'estime et la considération réciproques,
maintiendra dans leurs rangs le culte des vertus
professionnelles et le respect de ces règles antiques
dont n'ont jamais souffert que ceux qui n'en sont

pas dignes! L'intérêt du public et la bonne renommée du Barreau l'exigent également. « Que si ces
prétentions, dit encore Target, ont quelque chose
de chimérique : qu'importe ? elles grandissent
ceux qui les poursuivent : c'est une noble chimère
que celle qui conduit à l'honneur et, comme elle
n'est pas nuisible, elle est toujours salutaire ! »

Fières paroles ! Encore vraies en dépit d'un style
aux parures vieillies ! La lettre sur la Censure est
une des belles pages de notre littérature domestique ;
elle est, au siècle dernier, le manifeste énergique
des principes de notre profession. Depuis cette
époque, malgré l'universel changement des choses
et des hommes, nos traditions sont restées immua-
bles et les avocats, fidèles à leur passé, sont demeu-
rés aussi fidèles à leur gloire ; de nos jours, animés
du même souffle, des maîtres illustres ont élevé
d'impérissables monuments à l'honneur du Barreau
moderne. Qu'il me soit permis d'associer à leurs
noms respectés le nom de Target ; sa mémoire ne
recevra jamais un plus précieux hommage !

Cette ferme doctrine remporta la victoire ; la paix
rentra au Palais et, sous une forte discipline, le
Barreau brilla d'un vif éclat pendant les années qui
précédèrent la Révolution.

Que de réputations éclatantes et de talents alors
applaudis dont il ne reste cependant aujourd'hui

que le lointain souvenir! Ces œuvres, si vantées
jadis, nous sommes impuissants à les admirer
maintenant. Et pourquoi ce déclin? C'est que l'éloquence judiciaire manquait encore des deux qualités qui seules permettent aux ouvrages de l'esprit
de braver l'indifférence de la postérité : la mesure
et le goût. Certes, les habitudes en honneur aux
siècles précédents ont déjà disparu. On ne verra
plus les développements d'une fastidieuse prolixité,
si spirituellement raillés par Racine, ni les lourdeurs
prétentieuses, chères aux beaux esprits du temps
passé. Le style même s'est allégé; il a perdu jusqu'aux citations oiseuses empruntées à tous les âges
de l'histoire. Voltaire et Montesquieu ont sans retour
débarrassé la langue de ces ornements inutiles. Mais
les avocats ignorent toujours le secret d'un langage
où l'abondance ne nuit pas à la souplesse et où la
vivacité de l'expression traduit rapidement la pen-
sée; l'improvisation leur semble une terre inconnue
et dangereuse, et, malgré beaucoup de chaleur et
d'enthousiasme, leurs plaidoiries ont une allure
plus déclamatoire encore qu'éloquente. Si Gerbier
a conquis parmi ses contemporains une renommée
sans égale, il la doit à la réunion de toutes les qualités du grand orateur : elles étaient chez lui des
dons naturels de l'âme; si Target a réussi, en plusieurs rencontres, à lui disputer la victoire, c'est
qu'il lui avait avec bonheur emprunté ses propres
armes.

L'éloquence continue n'est pas, d'ailleurs, toujours
nécessaire ; la tâche quotidienne exige des mérites
plus discrets — l'intelligence, l'habileté, le savoir —
sans lesquels l'œuvre la plus modeste en apparence
est incomplète et stérile. Target possédait tous ces
avantages et il fut, pendant plus de vingt années,
l'avocat le plus recherché de son temps : une partie
avait-elle choisi Gerbier, l'autre se faisait assister de
Target. Il était, dirions-nous aujourd'hui, un avocat
d'affaires incomparable à une époque où les débats
judiciaires présentaient une complication extrême.
Les procès duraient longtemps et se transmettaient
par héritage : Target eut à s'occuper, pour la marquise de Castries, d'une affaire commencée depuis
un siècle et demi, et il eut la joie de la terminer par
un arrangement. La complaisance des magistrats
laissait alors aux avocats une liberté dont ils profi-
taient jusqu'à l'abus et, souvent, la même cause
occupait quinze ou vingt audiences. Des mœurs si
différentes des nôtres justifiaient une instruction
écrite très longue et très complète : chaque affaire
était précédée de *Mémoires, Observations, Supplé-
ments, Résumés* et *Précis*, dont la plaidoirie, sauf
d'éloquentes exceptions, ne pouvait être que la
banale redite. Target excellait dans ce labeur difficile et n'y craignait aucun rival.

Hélas ! le temps a fait son œuvre et jeté un voile
sur ces travaux patients d'une vie tout entière ! J'ai
parcouru en grand nombre ces mémoires imprimés

qui traitent des questions les plus diverses : j'y ai
reconnu toutes les qualités si appréciées jadis, mais
je n'ai rien trouvé d'égal aux belles paroles par
lesquelles le duc de Nivernais, ce prince des grands
seigneurs lettrés, saluait Target dans une circonstance solennelle (1) : « Votre nom seul, lui disait-il,
est au Palais un préjugé de la justice des causes que
l'on vous voit défendre. » Et il m'a paru, Messieurs,
qu'au milieu d'avocats, un pareil éloge devait rendre à
jamais recommandable le souvenir de ce talent pro-
fondément honnête !

C'était une âme ardente, enflammée de zèle pour
le bien public, capable d'émotions très vives ; il
aimait à s'élever au-dessus des intérêts particuliers
et à développer ces idées générales qui, dans tous
les temps, ont été la matière même de l'éloquence.
Souvent encore ses plaidoiries reflètent les mœurs,
les sentiments et les passions de son siècle et, par
une rencontre heureuse, on retrouve dans les écrits
de Target quelques-uns des caractères de la société
au milieu de laquelle il a vécu : sévère et enjouée,
sérieuse et légère, tour à tour occupée des problèmes
les plus graves et des rêveries les plus frivoles. Par
là, Messieurs, plusieurs de ses œuvres ne sont pas
indignes de survivre aux événements passagers qui
leur ont donné naissance.

1. Discours de réception à l'Académie française.

N'est-ce pas l'impression qui se dégage du célèbre plaidoyer pour la Rosière ? Dans un modeste village de Picardie, à Salency, régnait depuis un temps immémorial la coutume de décerner tous les ans un chapeau de roses à une jeune fille désignée par les vieillards et par les notables. Cette tradition pieusement conservée avait entretenu l'émulation du bien dans ce coin de terre béni où revivaient les mœurs de l'âge d'or... Mme de Genlis avait découvert Salency quelques années auparavant. Elle raconte, dans ses Mémoires, qu'elle se mêla aux divertissements champêtres, qu'elle joua de la harpe et qu'elle fit des couplets dont — assure-t-elle — les bons Salenciens furent ravis. Elle leur demanda même le sujet d'une de ces pièces indifférentes et sentimentales qui composent son Théâtre d'Education. La Rosière de Salency était déjà populaire en France lorsque le seigneur du lieu entreprit de disputer à ses vassaux le privilège innocent de choisir leur reine et de la couronner : il ne craignit pas de porter ses prétentions devant le Parlement.

Le croirait-on ? Ce procès occupa tout Paris ! — les droits de la vertu semblaient menacés ! — Mme de Genlis composa pour les habitants de Salency un mémoire... qui fit peu de bruit, et Target écrivit pour eux ce plaidoyer dont, suivant l'expression d'un académicien du temps, les couleurs paraissaient avoir été broyées par les Grâces elles-mêmes. Si, comme l'a dit La Bruyère, « c'est créer que de

badiner avec aisance et de faire quelque chose de
rien », c'était vraiment un chef-d'œuvre : jamais les
joies pures de ces fêtes villageoises ne furent dépeintes
avec plus d'abondance et d'éclat : jamais hommage
plus touchant ne fut rendu à l'enviable simplicité de
ces mœurs rustiques. On dirait d'une idylle, rappe-
lant par endroits la manière élégante et enrubannée
de Dorat, de Saint-Lambert ou de Marmontel. Le
succès de cette bucolique judiciaire fut d'ailleurs com-
plet : la Rose de Salency triompha, et plusieurs grands
seigneurs, séduits par cet exemple bienfaisant, insti-
tuèrent dans leurs domaines des cérémonies du même
genre. Cette contagion généreuse gagna jusqu'au
Barreau. Elie de Beaumont créa sur sa terre de Canon
quatre prix en l'honneur des plus honnêtes habitants
du village : il convoquait, pour les distribuer à l'au-
tomne, des poètes, des écrivains et des philosophes.
Target assista souvent à ces réunions. On y disait des
vers, on y récitait des chansons et on s'associait ainsi
au goût d'une époque qui se piquait d'encourager la
vertu comme le plus aimable des divertissements...

Mais ce ne fut là qu'un épisode dans la carrière
de Target : sa vive sensibilité — c'était le langage
du jour — savait se traduire par des accents plus
graves.

Rappelez-vous, Messieurs, les grandes tâches alors
réservées aux avocats : les mots de justice, d'huma-

nité, de tolérance étaient sur toutes les lèvres et
dans tous les cœurs. Si Voltaire avait réussi à enflam-
mer un siècle pour ces causes généreuses, c'est au
Barreau qu'il devait trouver, parmi des hommes
voués dès leur jeunesse au culte austère du droit,
les auxiliaires les plus utiles et les plus désintéressés.
A sa voix, les avocats dénoncent dans leurs plaidoiries les abus d'autorité, les vexations iniques et les
douloureuses inégalités dont ils sont trop souvent
les témoins ; par la plume et par la parole, ils propa-
gent en France cette noble idée que la loi commande
pareillement à tous les citoyens, et que la justice ne
reconnaît ni distinctions de naissance ni privilèges de
fortune : vérités éternelles depuis longtemps endor-
mies et dont le réveil s'annonçait par de sourdes
rumeurs ! On n'oubliera jamais le nom et les mérites
d'Élie de Beaumont, le défenseur éloquent des Sir-
ven et des Calas. Target, à son tour, estimait que la
profession d'avocat doit être surtout un ministère de
générosité, et il y avait acquis une si haute réputation
que ses contemporains l'appelaient le courageux pro-
tecteur de l'innocence opprimée. Il prenait part
ainsi à ce mouvement hardi qui, à la suite des penseurs, des publicistes et des philosophes, entraînait
toutes les classes de la société vers des destinées
nouvelles — et déjà prochaines ! — Tantôt, plaidant
pour un sieur Mouton, pensionnaire de l'Académie
de France à Rome, il établissait les vraies limites de
la liberté de conscience; tantôt, dans le procès du

comte de Landivisiau, il glorifiait une illustre mémoire flétrie par une sentence injuste et il déplorait avec émotion les souffrances infligées au comte de Lally-Tollendal, un précurseur et aussi une victime de la politique coloniale. Un autre jour encore, défendant par bienfaisance un horloger de Chaumont en Bassigny, arrêté sans motif, il protestait avec indignation contre les emprisonnements arbitraires, alors si fréquents, et obtenait gain de cause aux applaudissements de l'opinion publique. Voltaire lui-même, le grand avocat des gens mal jugés, n'évoquait-il pas une fois en son honneur les souvenirs magnifiques de Rome et de Cicéron !

Quelles pages touchantes que celles où sont retracés les malheurs du jeune Alliot : enfermé à vingt ans dans un couvent de cordeliers, jeté à Saint-Lazare, il s'échappe ; on le reprend ; il passe quatre ans dans un cachot du Mont Saint-Michel et réussit à s'évader encore. On l'arrête en Allemagne, il traverse la France entière chargé de chaînes, on l'embarque à la Rochelle avec les pires malfaiteurs, et il est envoyé à la Désirade. Et pourquoi ces rigueurs prolongées pendant huit années ? Fils d'un puissant fermier général, Alliot a contracté en secret une union qui ne répond pas aux espérances ambitieuses de sa famille ; pressé de céder, il s'est obstiné à garder ses serments, à travers les exils et les disgrâces. Les lettres de cachet et la maréchaussée n'ont pas eu raison de sa fidélité à ce qu'il appelle le devoir ! Le Parlement pro-

nonça la nullité du mariage, mais le père fut condamné à servir à son fils une pension de trois mille
livres. Le mémoire de Target, malgré les fades élé-
gances d'une rhétorique fanée, restera comme une
de ses œuvres les plus délicates. C'est une étude de
mœurs vivante, variée comme un roman, animée
par un large souffle de compassion et d'humaine
pitié. Toutes ces misères d'une existence honnête,
éloquemment racontées, éveillèrent, rapporte Bachau-
mont, une sympathie profonde dans toutes les âmes
sensibles. Et pouvait-il en être autrement, dans un
siècle qui aimait à s'attendrir et où les infortunes
légendaires de Manon Lescaut avaient fait répandre tant de larmes?

Les belles plaidoiries viennent quelquefois du cœur.
Target l'avait prouvé dans cette circonstance ; tel il
était au Palais, humain, généreux, dévoué à toutes les
nobles causes, tel il était dans la vie privée, affable,
bienveillant, libéral.

Que ne puis-je vous le montrer au milieu de ses
jeunes confrères, pour lesquels il essayait d'aplanir
le chemin toujours difficile du succès ? C'est le privilège des heureux de répandre sur ceux qui les entou-
rent les bienfaits dont la destinée a été prodigue à
leur égard. Target mettait tout son bonheur à discer-
ner et à encourager les précoces talents que révélait
la barre : les stagiaires se pressaient à ses côtés,
avides de recueillir ses leçons et ses exemples. Il dis-

tingua de Sèze, et, grâce à cette protection affec-
tueuse, de Sèze, à peine arrivé à Paris, retrouva en
quelques jours la réputation qu'il avait déjà obtenue
à Bordeaux ; devenu célèbre, il se plaisait souvent à
reporter sur son maître respecté l'honneur des triom-
phes qui avaient signalé le début de sa carrière.

Le temps était passé où les avocats obscurément
appliqués aux travaux judiciaires se délassaient de la
plaidoirie par un mémoire, et de l'audience par une
consultation. Vers la seconde moitié du XVIIIᵉ siècle,
ils mènent une existence déjà moins sévère et moins
retirée : le monde les recherche ; ils l'aiment et ils y
sont aimés ; dans ces salons brillants où l'esprit français déployait alors tant d'élégance et tant de charme,
ils apportent une instruction solide, un bon sens
robuste et une parole échauffée par l'amour du bien
public, les philosophes et les encyclopédistes trouvent au Palais autant de champions que d'adversaires.
Une vie nouvelle commence pour le Barreau et, à la
veille de la Révolution, la profession d'avocat passe
déjà pour la plus belle et la plus enviable de toutes...
après celle des gens de lettres.

Esprit curieux et libre, Target ne reste étranger à
aucune des questions qui préoccupent l'opinion : l'histoire, l'économie politique, le droit public le sédui-
sent et l'attirent. Le cardinal de Rohan fait appel à son
concours, et il compose dans la retentissante affaire
du Collier un mémoire où la France entière découvre
un modèle de discussion lumineuse et habile. Dans

son hôtel de la rue Sainte-Croix-de-la-Bretonnerie,
vous verrez passer les hommes les plus distingués du
jour. Voici Franklin et Jefferson, qui inspirent alors
à toute l'Europe une admiration jalouse pour la jeune
liberté dont leur patrie faisait gravement l'appren-
tissage. Target écrit en faveur des Américains des
notes d'une haute portée politique, et l'Amérique
reconnaissante lui envoie le diplôme de citoyen hono-
raire d'une de ses cités. Voici des philosophes,
Condorcet et Dalembert, un magistrat, ami de l'humanité, le président Dupaty, et surtout Mirabeau, qui
étonne ses interlocuteurs par la fougue puissante de
son génie. Vous y reconnaîtrez encore Marmontel, et
Laharpe, Grimm et Cabanis, Beaumarchais enfin, son
client et son ami, Beaumarchais, qui fut sans être
notre confrère le plus spirituel de tous les avocats;
et combien d'autres, grands seigneurs philanthropes
et lettrés, poètes, savants et artistes, familiers de
cette hospitalière demeure, ravis de rencontrer chez
un avocat une amitié si commode et un commerce
aussi éclairé !

L'Académie même allait faire cesser pour lui le
long divorce qui depuis les noms vénérables de Patru
et de Barbier d'Aucour, — contemporains de Boi-
leau,— la tenait éloignée des avocats. Ennemis naturels des sollicitations, les membres du Barreau
s'étaient toujours refusés aux visites imposées par
l'usage. Target fit habilement comprendre à ses con-

frères que ces scrupules poussaient jusqu'à l'abus une règle salutaire : l'Académie fut aussi de cet avis et lui donna tous ses suffrages. Il prenait pour sujet de son discours de réception l'histoire des progrès de l'éloquence à travers les âges et traçait — sans le nommer — le portrait de l'orateur accompli que l'Académie aurait pu lui préférer. Gerbier se reconnut dans cette image flatteuse et, devant tant de courtoisie, il oublia l'amertume que lui avait causée le succès de son rival : il resta son meilleur ami jusqu'à ses derniers jours.

Un tel honneur marquait pour Target le terme de la vie militante : la plaidoirie ne convenait plus à sa santé ; il s'éloigna peu à peu de la barre et, à partir de 1785, il n'y reparut plus jamais.

Sa renommée devait cependant grandir encore le jour où il prit sous son patronage la cause de trois millions de Français opprimés par une injustice déjà séculaire.

Bannis de toutes les fonctions publiques depuis la révocation de l'édit de Nantes, les protestants ne jouissaient même pas d'un état-civil régulier. L'Ordonnance de Blois subordonnait la validité de tous les mariages à la bénédiction du prêtre catholique ; si, fidèles à leur conscience, les protestants se mariaient devant un pasteur, leurs unions restaient dépourvues d'effets légaux et leurs enfants n'étaient pas réputés légitimes. Moins de trente années auparavant, le Parlement de Grenoble avait condamné deux cents « nouveaux convertis », envoyant les hommes aux galères et les femmes à la réclusion perpétuelle : leur crime était de s'être rendus au prêche et d'avoir contracté mariage « au désert ! »

En vain, Portalis, Malesherbes, Voltaire, Servan, Joly de Fleury avaient réclamé, au nom de la justice et de l'humanité outragées : leur voix n'avait pas été entendue ! La consultation de Target pour la marquise d'Anglure rendit la réforme indispensable. Elle s'adressait au Roi siégeant en personne au Conseil des Dépêches. Target y établissait que l'ordonnance de Blois était inapplicable aux dissidents et que la preuve de leurs mariages demeurait soumise aux seules règles du droit naturel, le consentement des époux et la possession d'état. Mais il allait plus loin encore : des lois qui, dans ce siècle de lumière, réduisaient tant d'excellents citoyens à l'alternative du sacrilège pour eux-mêmes ou de la bâtardise pour leurs enfants, choquaient également son cœur et sa raison, et il demandait, en faveur de tous les Français, l'établissement d'une législation uniforme.

Cet écrit, appelé par les uns *antichrétien, philosophique* et *scandaleux*, fut salué avec enthousiasme par tous les hommes éclairés et sincères. Le roi lui-même le jugea « empreint du plus pur patriotisme », et Malesherbes chargea Target de préparer les

termes de la déclaration royale d'octobre 1787 qui
accordait l'état-civil aux protestants, un des actes
qui honorent le plus le règne de Louis XVI et sa
mémoire ! Le sillon était creusé : quelques années
après, l'Assemblée Constituante devait proclamer
l'égalité absolue devant la loi de toutes les croyances
et de tous les cultes : législation de sagesse et
d'équité, acquise par de patients efforts, et dont
notre pays saura toujours maintenir l'inestimable
bienfait contre de passagères et d'impuissantes
rébellions !

Arrivé à cette heure de son existence, Target pouvait considérer avec joie la route déjà parcourue.
Sa laborieuse carrière lui avait permis de réaliser
l'ambition la plus douce au cœur d'un grand et
honnête avocat : il laissait derrière lui de belles
œuvres, qui quelquefois avaient été de bonnes
actions !

Comment l'homme qui avait si chaleureusement
défendu la liberté de conscience n'aurait-il pas
accueilli avec transport les promesses de la Révolution naissante ? 1789 approchait et dans la France
entière éclatait un mouvement politique d'une in-
croyable ardeur !

Au milieu des brochures innombrables qui ensei-
gnaient à la Nation ses nouveaux devoirs, deux opus-

cules de Target : *Les États Généraux convoqués par
Louis XVI* et *Ma Pétition ou cahier au bailliage
de XXX*, eurent alors autant de vogue que le pamphlet fameux de l'abbé Sieyès sur le tiers état. C'était
la juste revendication des droits de la bourgeoisie
française et l'éloquent exposé de toutes les réformes
attendues. Déjà Target entrevoyait : « les haines
nationales éteintes, les privilèges abolis, les inégalités détruites, la paix et la concorde régnant sur
la patrie régénérée ». Quel rêve ! Messieurs ! mais
combien de généreux esprits partageaient alors ces
visions chimériques de l'avenir !

Député de Paris, il arrivait aux États Généraux
avec les vaillantes recrues que le Barreau donnait à
la Liberté : ils étaient plus de deux cents avocats,
venus de tous les points de la France, avides de progrès, mais respectueux des souvenirs, résolus à proclamer la souveraineté de la Nation, mais prêts aussi
à défendre la Royauté en échange de concessions sage-
ment demandées ; quelques-uns furent éloquents,
tous furent utiles : leurs renommées sont inégales
comme leurs talents, mais, tous, ils ont rendu aux
idées libérales des services dont la postérité a le
devoir d'être reconnaissante et notre Ordre le droit
d'être fier. Aucun ne montra plus de bonne volonté
que Target ; aucun ne témoigna un zèle plus dégagé
de toute ambition personnelle.

Dès les premiers jours, il était aux côtés de Bailly,
le plus grand honnête homme de l'Assemblée ; de

Sieyès, son inspirateur et son guide, ce penseur mystérieux auquel on prêtait des recettes merveilleuses pour le bonheur des états ; de Barnave, alors brillant du double éclat de la jeunesse et du talent ; de La Fayette, de Tronchet, de Chapelier, de tant d'autres encore ; mais il faudrait les nommer tous, ces hommes ardents et sincères, les fondateurs intrépides de nos libertés publiques ! Si petite que soit la part de plusieurs d'entre eux dans l'œuvre commune, elle y sera éternellement ! Commissaire-conciliateur lors de la réunion des trois ordres, il prononçait un discours attendrissant, dit Camille Desmoulins, inhabile cependant à toucher les classes privilégiées ! il prenait part avec Sieyès et Barnave aux mémorables journées des 17 et 20 juin ; plus tard, enfin, il présentait un projet de Déclaration des Droits de l'Homme et du Citoyen, et s'imaginait, avec l'inexpérience d'un législateur improvisé, « qu'en enseignant aux hommes quels sont « leurs droits, on leur apprend à mieux respecter « ceux des autres ! »

Je l'ai vu surtout, Messieurs, mêlé à toutes les discussions, membre actif de plusieurs Comités, rapporteur du Comité de Constitution, prodigue de son temps et de son travail, donnant à tous, dans cette belle aurore du régime parlementaire, le plus rare exemple d'une assiduité sans égale !

Quel fruit lui en revint-il cependant, sinon de connaître l'ingratitude de son propre parti, les amertumes de la politique et les courtes joies de la popu-

larité ? Jamais sa parole ne fut accueillie à l'Assemblée par ces applaudissements enthousiastes qui sont
comme le frisson contagieux de l'éloquence, jamais
la tribune ne lui réserva les succès auxquels la barre
l'avait accoutumé. Son zèle, son dévouement au bien
public attirèrent sur lui les sarcasmes de Rivarol et
des feuilles payées par la Cour ; la malignité de ses
adversaires se plaisait à lui reprocher le pénible
enfantement de la Constitution, et chaque jour les
chansons et les pamphlets essayaient de tourner
en dérision le plus honnête artisan de cette œuvre
laborieuse !

Les bons mots n'ont pas de prise sur le devoir !
Malgré les tristesses de l'âme et les fatigues du corps,
il continua la tâche commencée et il s'arrêta seulement le jour où la maladie le contraignit à quitter
l'Assemblée. Jusqu'au dernier moment, il avait espéré
que l'accord s'établirait entre la Royauté, impatiente
d'une défaite inévitable, et la Nation prête à abuser
de sa victoire !

Il se trompait ! Bientôt la Constitution de 1791 suc-
combait sous les attaques de ceux-là mêmes qui
avaient juré de la maintenir, et, quelques mois plus
tard, la Convention Nationale décidait de juger
Louis XVI. Dans la journée du 11 décembre 1792, le
Roi comparaissait devant elle : le soir même, il réclamait un défenseur. Cette demande fut vivement combattue par certains membres de la Convention, comme

s'ils avaient redouté que la parole de l'avocat ne
ralliât autour du parti de la modération les cons-
ciences encore hésitantes ; mais la majorité passa
outre, tant il est vrai de dire que, même dans ces
époques troublées, il n'y aura jamais de véritable
jugement sans une défense indépendante et libre !

Quelle plus grande cause fut jamais confiée à un
avocat ! Se lever au milieu d'une Assemblée animée
de passions violentes, prendre la parole au nom d'un
Roi, exposer pour la France et l'Europe attentives
les actes et les sentiments du souverain déchu, rap-
peler enfin la Convention Nationale au respect de
ces formes salutaires qui protègent à la fois les accu-
sés contre les préventions des juges et les juges
contre eux-mêmes ! Mais aussi, quel lourd fardeau
pour des épaules fatiguées par le poids de la vie !
Le temps presse, les jours sont comptés, il faut
répondre à une accusation longuement préparée,
il faut en quelques heures, qui suffiraient à peine à
une ébauche, donner à la défense toute l'ampleur
nécessaire dans ce procès, — le plus célèbre de
notre histoire nationale !

Louis XVI déclara qu'il avait fait choix de Target
et, à son défaut, de Tronchet. Vous savez, Messieurs,
que Target ne crut pas pouvoir accepter cette mis-
sion : elle lui parut être alors au-dessus de ses
forces épuisées... Il avait renoncé à la plaidoirie

depuis 1785, sa santé était chancelante, les décep-
tions dont il avait tant souffert à l'Assemblée Constituante lui avaient inspiré comme une secrète
méfiance de lui-même... Il refuse et laisse passer
à d'autres la gloire qui s'offrait à lui... Ce refus
devait être l'épreuve la plus douloureuse de sa vie!

Mais il ne restera pas spectateur indifférent des
débats qui vont se dérouler : à défaut de sa parole,
il peut au moins faire publiquement connaître son
opinion et, ce qu'il peut, il le doit! — c'est encore
une manière de servir le Roi — et la vérité! Il se
met aussitôt au travail et, dans la nuit même, il
rédige la brochure qui, sous ce nom modeste :
Observations de Target sur le procès de Louis XVI,
était, deux jours après, distribuée dans tout Paris,
dans les rues, sur les ponts, à la porte même de la
Convention Nationale (1)! Ces feuillets, jaunis par le
temps, je les ai parcourus avec une émotion profonde, car ils m'ont paru renfermer la justification
d'une grande mémoire calomniée!

En quelques pages rapides, Target résume tous
les principes qui s'opposent à la condamnation de
Louis XVI : il invoque l'inviolabilité royale, écrite
dans la Constitution de 1791; il montre le Roi cou-
vert par cette maxime tutélaire, le Roi, entraîné
par de funestes conseils, plus faible encore que
coupable, et la Nation enfin que l'intérêt politique

(1) *Observations de Target sur le procès de Louis XVI.* 1792. Se
trouvent à Paris, 8, rue Percée. 7 pages. Bibl. Nat. L B⁴¹ 254.

devrait autant que la justice détourner des résolu-
tions sans pitié! Rien n'échappe à la clairvoyance
de l'avocat.

Patriote et républicain, il se nomme ainsi lui-même,
il ne craint pas de contester la compétence que la
Convention s'est arrogée. Il lui rappelle qu'il est
« une règle non seulement positive et arbitraire,
mais naturelle, mais éternelle, qui interdit au juge
de prononcer sur une affaire dans laquelle, avant
d'entendre la défense, il a déjà fait connaître son
opinion, et il l'adjure d'examiner si plusieurs de
ses membres ne se trouvent pas dans ce cas! »
Question hardie, adressée à une Assemblée où ces
mots : « Il faut que Louis meure! » avaient été le
résumé sinistre d'une discussion déjà longue ! Et,
lorsque, quinze jours plus tard, de Sèze s'écriera,
à la barre de la Convention : « Je cherche parmi
vous des juges et je n'y vois que des accusateurs ! »
n'y aura-t-il pas dans cette apostrophe fameuse
comme un écho des paroles de Target, son maître
et son ami?

Que tous ceux qui reprochent à Target de n'avoir
pas défendu Louis XVI se souviennent de ces pages
trop oubliées! Target, alors, ne pouvait compter ni
sur les immunités traditionnelles de la défense, ni
sur les récompenses prochaines de la renommée :
qu'ils disent donc s'il manquait de courage — le
mot a été prononcé — l'homme qui, du fond de sa

retraite, élevait ainsi la voix en faveur de Louis XVI
— simplement pour obéir à sa conscience!

Mais les sages ne sont pas entendus dans ces
jours d'emportement; leur libre langage irrite la
multitude qu'ils n'ont pu convaincre et les expose
à de promptes représailles. Target ne devait pas
tarder à l'apprendre! Membre du Comité de surveil-
lance de sa section, il eut le bonheur de pouvoir
protéger plusieurs de ses concitoyens dénoncés et
poursuivis comme suspects. Utile dévouement que la
Terreur vint interrompre! Bientôt accusé de modé-
rantisme, « faiseur de Constitutions à la royale »,
coupable de s'être déclaré pour Louis XVI, il dut
s'éloigner de Paris : ses biens furent séquestrés, et il
allait être arrêté lorsque la domination des factieux
prit fin au 9 Thermidor.

Sa carrière politique était désormais terminée. Il
accueillit le Directoire, ainsi que tant d'hommes de
la Constituante, dans la ferme espérance qu'il assu-
rerait le règne de la Liberté — trop longtemps atten-
due! — Le Consulat leur apparut comme un pouvoir
énergique et fort, capable de fixer à jamais les
conquêtes de la Révolution ; il ne semblait pas alors
à ces âmes nourries des exemples de Rome et des
enseignements de Tacite, que l'accord du principat

et de la liberté fût un rêve chimérique. S'ils entre-
virent leur erreur, la gloire éclatante des armes les
consola du moins de la défaite de leurs principes;
l'égalité civile établie dans les mœurs et par les lois
suffisait d'ailleurs à leur faire oublier les tristesses et
les amertumes au milieu desquelles ils avaient vécu.
Ne pouvaient-ils donc pas attendre avec confiance
que, pour leurs descendants, l'avenir fît lever la riche
moisson dont ils avaient été les infatigables semeurs !

Le Directoire exécutif l'appela en 1797 au Tribunal
de Cassation, et il fut, en l'an VIII, maintenu par le
Sénat conservateur dans ces fonctions qu'il occupa
jusqu'à sa mort. Ses collègues le désignèrent pour
présenter les observations de la Cour Suprême sur le
projet de Code civil proposé par le Gouvernement; il
consacra tous ses efforts à cette tâche difficile qui ne
devait rien ajouter à sa renommée, satisfait seulement
d'avoir jeté les premiers fondements de l'édifice auquel d'autres, plus heureux, allaient laisser leur nom.
Quelques années après, il était encore chargé avec
Oudart et Blondel de préparer un projet de Code
pénal ; déjà, sous l'inspiration de Malesherbes, il
avait autrefois commencé des études semblables : il
les reprenait vingt ans plus tard, avec l'expérience un
peu attristée que donnent à l'homme le spectacle des
Révolutions et les leçons changeantes de l'histoire !

Les heures dérobées à ces graves devoirs apparte-

4

naient aux Lettres. Il les chérissait avec reconnais-
sance : compagnes préférées de sa jeunesse, consola-
trices bienveillantes de ses disgrâces, elles répandaient maintenant sur le soir de sa vie un charme
d'une douceur infinie, discrète récompense d'un
culte fidèle et désintéressé. Sa famille, ses enfants,
quelques rares amis formaient à ses côtés un entou-
rage paisible où se reposait la mélancolie de son
âme désabusée. Il avait conservé les habitudes et les
manières d'autrefois, mais l'âge n'avait pas étouffé
en lui l'enthousiasme pour toutes les belles causes,
ni amoindri sa foi invincible dans le bonheur de l'humanité. Souvent il s'abandonnait à de confiantes cau-
series dans lesquelles se succédaient les visions brill-
lantes de sa longue carrière : les Jésuites, Linguet, la
marquise d'Anglure, Beaumarchais, le cardinal de
Rohan, puis le grand drame de la Révolution avec
ses enivrantes illusions et ses terribles réveils! Un
siècle tout entier, et quel siècle! revivait ainsi dans
son souvenir!

Lorsqu'il mourut, le 7 septembre 1806, le silence et
l'oubli s'étaient déjà faits autour de son nom : tant
d'hommes avaient passé! tant d'événements tragiques
ou glorieux s'étaient déroulés depuis les jours loin-
tains où il avait conquis une éclatante célébrité devant
le Parlement de Paris! Le Premier Président de la
Cour de Cassation, Muraire, lui décerna l'honneur
exceptionnel d'un éloge public; le rival de Gerbier, le

plus illustre survivant du Barreau du dix-huitième
siècle, venait de disparaître, et il méritait bien de
recevoir à son déclin l'hommage de la magistrature
des temps nouveaux.

S'il existe une enceinte où la vie et les œuvres de
Target devaient être rappelées, c'est au milieu de
vous, Messieurs : ici, en effet, vous unissez au souci
jaloux de notre honneur domestique le respect profond de la vérité, et vous estimerez sans doute que,
pour bien juger Target, il n'était peut-être pas inutile
de le mieux connaître...

Puissé-je avoir réussi à dissiper les ombres qui déjà
recouvraient les traits à demi effacés de notre an-
cêtre ! Puissé-je vous avoir montré que — malgré des
préventions dont il appartient à l'histoire de faire
justice — cette existence a été grande, parce qu'elle
fut tout entière consacrée au Barreau et à la Liberté :
de pareils titres, Messieurs, notre Ordre ne saurait
jamais les oublier !

Paris. — Alcan-Lévy, Imprimeur de l'Ordre des Avocats.
24, rue Chauchat.

125